PETITE GRAINE

PAR KELLEY BROWNE REYNOLDS

STUDIO OF BOOKS
THE SPACE FOR YOUR MESSAGE

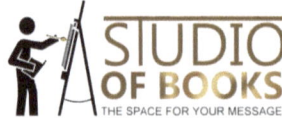

Studio of Books LLC
5900 Balcones Drive Suite 100
Austin, Texas 78731
www.studioofbooks.org
Hotline: (254) 800-1183

Informations sur les commandes :

Des remises spéciales sont accordées aux sociétés, associations et autres pour les achats en quantité. Pour plus de détails, contactez l'éditeur à l'adresse ci-dessus.

Imprimé aux États-Unis d'Amérique.

ISBN-13: Softcover 978-1-968491-15-4
eBook 978-1-968491-16-1

Library of Congress Control Number: 2025915435

Petite Graine vivait dans un petit arbre dans

La Forêt des Grands Arbres

Par une nuit fraîche du début du printemps, un orage

éclata.

Petite Graine fut arrachée de sa branche douillette. Elle

tournoya et virevolta dans les airs jusqu'à ce que...bruit

sourd !

Elle atterrisse sur le sol de la forêt.

Petite Graine regarda à gauche.

Puis elle regarda à

droite.

« Où suis-je ? »

Soudainement, un groupe de graines l'entoura.

« Avez-vous déjà vu quelque chose comme elle ? »

« D'où vient-elle ? »

La honte l'envahit.

« Y'a-t-il quelque chose qui ne va pas chez moi ? »

Elle se sentait lourde de tristesse dans ce nouveau

monde.

N'ayant nulle part où se tourner, elle se laissa couler

dans la terre froide, sombre et molle.

Petite Graine se sentait froide et seule.

« Je veux juste rentrer à la maison ! »

Un jour, elle vit un ver s'approcher d'elle.

« Ne t'approche pas, personne ne m'aime ! »

« Pourquoi dis-tu cela ? », demanda Le Ver

« Parce que c'est ce que les autres graines

m'ont fait ressentir ».

Embarrassée, elle s'enfonça à nouveau dans les ténè-

bres.

Le Ver continua son chemin.

Quelques jours plus tard, Le Ver se faufila

de nouveau vers Petite Graine.

« Uggghhh. Laisse-moi tranquille », soupira-t-elle.

« Je sais ce que c'est que d'être seul ».

« Vraiment ? » demanda Petite Graine.

« Oui, je n'étais pas à ma place non plus,

mais j'ai appris que la seule chose qui compte,

c'est la façon dont on se sent dans sa peau. »

Petite Graine médita ses paroles

et Le Ver continua son chemin.

Quelques jours passèrent et Le Ver revint.

Cette fois, c'est Petite Graine qui le salua.

« J'ai réfléchi à ce que tu as dit. »

« Vraiment ? », demanda le Ver en se penchant.

« Tu te souviens que tu as dit que la seule chose qui

compte

, c'est ce que tu ressens pour toi-même ? »

« Oui », Le Ver hocha la tête.

Petite Graine prit une grande inspiration.

« Je ne me sens pas bien dans ma peau.

Comment puis-je changer cela ? »

« Avec amour »

« Tout le monde a d'énormes qualités. Chaque jour,

trouves une

chose que tu aimes chez toi et

célèbres-la toute la journée », suggéra Le Ver.

« J'aime ma coloration », dit Petite Graine.

« C'est un bon début ! »

Petite Graine et Le Ver dansèrent l'un autour de l'

autre dans une amitié naissante.

Avec Le Ver à ses côtés, elle apprit à s'aimer

dans toutes ses belles facettes.

Petite Graine découvrit qu'elle s'aimait vraiment.

Avec la chaleur du soleil qui l'éclairait,

elle commença à s'ouvrir et à grandir.

« Je savais que tu pouvais le faire », s'écria joyeuse-

ment Le Ver.

Elle continua à grandir, à grandir et à grandir jusqu'à ce...

Qu'elle devint plus que ce qu'elle n'avait jamais imaginé

pouvoir être.

Elle devint un arbre splendide !

Pour Ma Petite Fille

US REVIEW OF BOOKS

« Oui, je n'étais pas non plus à ma place, mais j'ai appris que la seule chose qui compte, c'est comment tu te sens dans ta peau. »

À première vue, le livre pour enfants de Reynolds est vivant et esthétiquement attrayant. Il raconte l'histoire de Petite Graine, qui se repose paisiblement sur une branche jusqu'à ce qu'une tempête la plonge dans le sol de la forêt, complètement en dehors de sa zone de confort. Lorsque la réalité frappe cette graine solitaire au milieu d'un groupe de graines étrangères, elle se replie sur elle-même, se sentant honteuse, ce qui l'amène à s'interroger sur sa propre identité.

L'auteur aborde subtilement l'une des discussions les plus pertinentes parmi les jeunes enfants d'aujourd'hui : les divisions basées sur les différences. Alors que les autres graines donnent à Petite Graine l'impression d'être inadaptée, Le Ver lui fait comprendre qu'il n'y a rien de plus important que d'apprendre à s'aimer soi-même. Les affirmations et un état d'esprit positif sont les thèmes centraux du processus d'apprentissage, qui aide les adultes de demain à comprendre comment développer la confiance et l'estime de soi, tout en examinant une qualité positive à la fois.

La capacité de l'auteur à créer une structure narrative simplifiée avec des personnages simples et attachants permet aux jeunes enfants de s'investir dans les personnages et d'essayer de modeler les actions de ces personnages dans leur propre vie. De plus, le style d'écriture lui-même a une cadence rythmique qui semble plus lyrique, voire poétique, utilisant des éléments d'enjambement et de répétition pour créer un rythme. Par-dessus tout, que ce soit en classe, à la bibliothèque ou au chevet du malade, le livre pour enfants de l'auteur convient parfaitement aux jeunes enfants qui commencent à comprendre leur sentiment d'identité et qui apprennent à s'intégrer dans le cadre de l'école élémentaire.

www.ingramcontent.com/pod-product-compliance
Lightning Source LLC
Chambersburg PA
CBHW061142030426
42335CB00002B/65